Margaret Wanjiru Gitumu
Michael Macharia

Questões ergonómicas que afectam a prestação de serviços dos professores

Margaret Wanjiru Gitumu
Michael Macharia

Questões ergonómicas que afectam a prestação de serviços dos professores

ScienciaScripts

Cover image: www.ingimage.com

This book is a translation from the original published under ISBN 978-620-2-06050-9.

Publisher:
Sciencia Scripts
is a trademark of
Dodo Books Indian Ocean Ltd. and OmniScriptum S.R.L publishing group

120 High Road, East Finchley, London, N2 9ED, United Kingdom
Str. Armeneasca 28/1, office 1, Chisinau MD-2012, Republic of Moldova, Europe
Printed at: see last page
ISBN: 978-620-7-84546-0

Kamau Michael Macharia
Escola Secundária Giakaibeii Boys
machariamike@gmail.com

Margaret Wanjiru Gitumu (PhD)
Departamento de Psicologia Educacional
Escola de Educação e Ciências Sociais
Universidade de Karatina, Nairobi, Quénia
Correio eletrónico: mwanjiru21@gmail.com

Conteúdo:

CAPÍTULO UM

Visão geral

Os seres humanos evoluíram ao longo de milhões de anos, tendo-se transformado na criatura bípede que se vê atualmente, com um cérebro altamente desenvolvido (Kumar, 2001). A génese da ergonomia é provavelmente tão antiga como a civilização, quando as pessoas aprenderam a desenvolver as suas próprias ferramentas para caçar e recolher alimentos. A ergonomia tem em conta as capacidades físicas e mentais do trabalhador quando este interage com as ferramentas, o equipamento, os métodos de trabalho, as tarefas e o ambiente de trabalho. A ergonomia é definida em termos gerais como "melhorar a adaptação entre a pessoa e o seu ambiente imediato", com o objetivo de compreender como um produto, local de trabalho ou sistema pode ser concebido para se adequar às pessoas que precisam de o utilizar.

É o estudo científico do trabalho humano. Nos últimos anos, a ergonomia de escritório tem-se centrado principalmente no trabalho com computadores, devido ao rápido aumento da utilização de computadores nos escritórios modernos e ao aumento associado de lesões. No entanto, o foco da ergonomia de escritório não conseguiu evoluir com a natureza cada vez mais colaborativa do trabalho e a sua variedade de tipos e locais de trabalho.

O'Neill (2011) indica que o campo da ergonomia foi originalmente designado por "factores humanos" e teve início na Segunda Guerra Mundial, quando engenheiros e psicólogos começaram a examinar as capacidades físicas e mentais dos soldados. Os engenheiros estudaram o tamanho do corpo, o alcance e a força para tornar as armas mais fáceis de manusear (facilidade de utilização da espingarda de série). Os psicólogos estudaram a forma como os pilotos recolhiam e processavam a informação quando operavam aeronaves complexas (para melhorar a disposição dos painéis de instrumentos e reduzir os acidentes). A "ergonomia de escritório" tradicional é praticada há décadas, centrando-se no indivíduo no seu espaço de trabalho. Esta área da ergonomia surgiu diretamente das abordagens de engenharia e psicologia desenvolvidas durante a Segunda Guerra Mundial (O'Neill, 2011). De facto, muitos dos dados que influenciam as normas ergonómicas de escritório actuais provêm de uma base de dados militar das dimensões corporais dos soldados. Atualmente, os princípios da ergonomia são aplicados à conceção de uma variedade quase ilimitada de produtos, interfaces de software e ambientes físicos para a atividade humana. No que se refere a estes últimos, a conceção de todos os tipos de ambientes imagináveis, desde os parques infantis até ao interior do vaivém espacial, é influenciada por princípios ergonómicos. Além disso, a ergonomia tem em conta as necessidades de grupos de utilizadores especiais, como os idosos, os deficientes visuais e as pessoas com capacidades mentais diferentes, na conceção de espaços de trabalho, de lazer e de aprendizagem. Se os seus trabalhadores tiverem de se adaptar a um trabalho que excede as limitações físicas do seu corpo, podem sofrer lesões (Kalsi, 2004). A Figura 1 apresenta imagens de trabalhadores lesionados.

Fonte: Imagens de trabalhadores acidentados

A maior categoria de pedidos de indemnização por lesões nos escritórios são as perturbações músculo-esqueléticas relacionadas com o trabalho (WMSD), que representam mais de 40% de todos os pedidos de indemnização dos trabalhadores do Fundo do Estado de Washington entre os trabalhadores de escritório. Estas lesões resultam em custos médicos e de perda de tempo superiores a 12 milhões de dólares por ano para os empregadores do Fundo do Estado e são responsáveis por mais de 70 000 dias de trabalho perdidos por ano. Devido à natureza e à gravidade das LME, estas são responsáveis por mais do que a sua quota-parte nos custos das lesões - cerca de 60% dos custos totais dos pedidos de indemnização. As DORT podem agravar-se com o tempo e, por conseguinte, tornar-se mais dispendiosas do que as lesões resultantes de um acontecimento súbito, como um escorregão e uma queda. Isto também significa que pode demorar muito tempo até que um trabalhador regresse ao trabalho, o que resulta em indemnizações médicas e por perda de tempo mais elevadas (Brodeur, 1990). Além disso, pode haver custos ocultos mais elevados quando os trabalhadores recorrem a mais baixas por doença ou abrandam o seu ritmo de trabalho durante o período que antecede a apresentação de um pedido de indemnização, quando os sintomas de DORT começam a desenvolver-se (WISHA Services Division Washington State Department of Labor and Industries).

Kalsi (2004), no seu estudo, demonstrou que os campos electromagnéticos podem afetar funções biológicas como alterações nos níveis hormonais, alteração na ligação de iões às membranas celulares e modificação de processos bioquímicos no interior da célula. Períodos prolongados de utilização de computadores portáteis estão associados a problemas nos membros superiores e na coluna vertebral (Kalsi, 2004). Brodeur (1990) afirmou que a radiação das tecnologias da informação pode causar desconforto ao atacar o utilizador com iões que atraem partículas de poeira que podem provocar irritação da pele, calor, lesões oculares e stress.

As pessoas são uma parte essencial de todos os processos empresariais e fundamentais para o fornecimento de produtos e serviços de qualidade. É especialmente dispendioso quando uma pessoa se lesiona ou adoece, tendo em conta tanto os custos directos como a perda dos valiosos serviços prestados por essa pessoa. A ergonomia é uma ferramenta que os proprietários e gestores de empresas podem utilizar para ajudar a prevenir estas lesões no escritório. A ergonomia reduz o risco de lesões, adaptando o trabalho à pessoa em vez de a obrigar a adaptar-se ao trabalho. Para além da prevenção de lesões, a ergonomia também se preocupa em melhorar o desempenho do trabalho, eliminando as barreiras que existem em muitos locais de trabalho e que impedem os trabalhadores de darem o melhor de si (Brodeur, 1990). Por conseguinte, outro benefício da aplicação da ergonomia ao trabalho de escritório é o facto de ajudar as pessoas a trabalhar de forma mais eficaz, eficiente e produtiva nos seus empregos. A aplicação da ergonomia no local de trabalho é um processo criativo e, para ser bem sucedido, pode exigir todos os conhecimentos disponíveis na organização. Por conseguinte, é imperativo solicitar o contributo de todos os níveis de pessoal, incluindo a direção, a supervisão e os trabalhadores, quando se lida com questões de ergonomia (Kalsi, 2004). O modelo que se segue indica a relação entre os trabalhadores e o desempenho, ou seja, o conjunto de trabalhadores no processo de trabalho, para além das condições ambientais, resulta em produtividade.

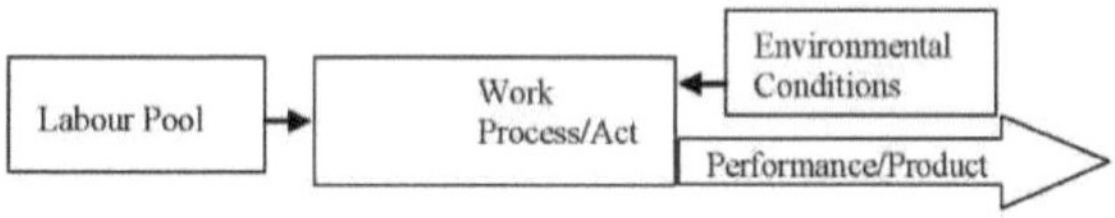

Embora as melhorias ergonómicas no ambiente de trabalho sejam principalmente utilizadas para criar um ambiente de trabalho mais seguro e mais saudável, uma organização pode experimentar outros benefícios, incluindo: aumento da produtividade, aumento da qualidade do trabalho, redução da rotatividade, redução do absentismo e aumento da moral. A aplicação dos princípios da ergonomia é mais eficaz quando utilizada antes de os problemas resultarem em lesões graves. Os objectivos de um programa proactivo devem ser a prevenção do maior número possível de pedidos de indemnização dos trabalhadores e a redução da gravidade dos pedidos de indemnização que ocorram. As lesões que são tratadas numa fase inicial através de um processo ergonómico são frequentemente menos graves, têm pouca ou nenhuma perda de tempo e permitem que o trabalhador continue a ser um membro produtivo da empresa. As entidades patronais também beneficiam com a redução dos custos de indemnização dos trabalhadores (Brodeur, 1990).

No sector da educação, a quantidade e a qualidade do serviço público dependem fundamentalmente da motivação dos funcionários da linha da frente. A educação pouco mudou no século passado:

continua a exigir um professor a dirigir uma sala de aula cheia de alunos, o que significa que é necessária a presença física de ambos. Num país em desenvolvimento, onde os professores substitutos são raros, a ausência de um professor do ensino secundário pode ter várias consequências: duplicação de aulas, tempo ocioso para os alunos e até abandono escolar se a ausência se tornar suficientemente frequente. Mas a aprendizagem não é suscetível de ser uma das eles. Segue-se um exemplo de um professor a ensinar

Fonte: Estoque do obturador

Os professores enfrentam diariamente uma série de riscos profissionais. Passam grande parte do tempo de pé e podem ter de se dobrar, esticar e levantar material e equipamento educativo, como quadros negros e projectores. Isto coloca-os em risco de varizes e de lesões, incluindo entorses, distensões, distensões musculares e lesões nas costas. Para os professores que passam muito tempo a utilizar um computador, o risco de desenvolver a síndrome do túnel cárpico é também uma preocupação.

Abaixo está uma fotografia de um professor a ensinar literacia informática e a inclinar-se para o ecrã do computador

Fonte: Fotos de professores a ensinar informática

O estudo pode informar o governo e as principais partes interessadas sobre a forma como as questões ergonómicas estão a afetar os professores nas escolas públicas e tomar decisões informadas sobre a forma de abordar as questões com o objetivo de melhorar a prestação de serviços nas escolas. As melhorias ergonómicas no local de trabalho criam um ambiente de trabalho mais seguro e mais saudável.

Factores que afectam a produtividade individual

Há vários factores que interagem no escritório e que afectam a produtividade dos indivíduos. Estes factores podem ser agrupados em características do posto de trabalho, ambiente de trabalho e organização ou conceção do posto de trabalho. A qualificação académica, a experiência do pessoal, a autonomia e o feedback afectam as atitudes dos professores em relação ao local de trabalho. O edifício escolar deve ser construído de forma a que a temperatura ambiente, o ruído, as instalações físicas, as infra-estruturas e a iluminação sejam favoráveis à habitação. A carga de trabalho dos professores, a dimensão da escola e as áreas de especialização afectam a prestação de serviços dos professores. Todas as três características afectam a produtividade do pessoal, que é medida pelos níveis de prestação de serviços, como se pode ver na figura abaixo.

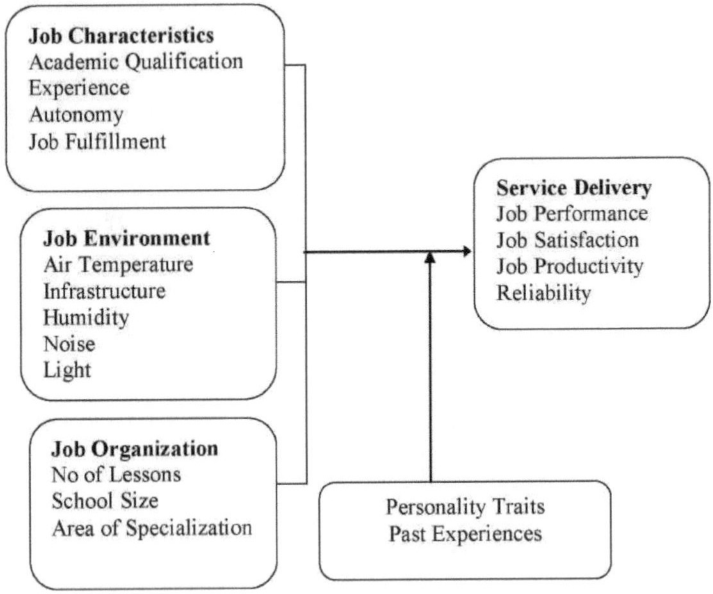

Teoria da Gestão Científica

No século XIX, Frederick Winslow Taylor (1964) foi o pioneiro do método de "gestão científica", que propunha uma forma de encontrar o método ótimo para realizar uma determinada tarefa (como citado em Grozdanovic & Jankovic, 2002). Taylor descobriu que podia, por exemplo, triplicar a quantidade de carvão que os trabalhadores estavam a escavar, reduzindo gradualmente o tamanho e o peso das pás de carvão até atingir a taxa de escavação mais rápida. A teoria da gestão foi aplicada no sector da construção e reduziu o número de movimentos no assentamento de tijolos de 18 para 4,5, permitindo aos pedreiros aumentar a sua produtividade de 120 para 350 tijolos por hora

(Grozdanovic & Jankovic, 2002).
Esta teoria é aplicável num contexto escolar, uma vez que a forma como os programas escolares são organizados deve garantir a eficiência e a eficácia. A disposição e as infra-estruturas da escola devem ter como objetivo a prestação eficiente de serviços pelos professores. A coordenação e a organização das tarefas devem ser feitas de modo a que os utilizadores, como os alunos e as partes interessadas, obtenham o máximo de benefícios. Taylor introduziu muitos conceitos que não eram amplamente aceites na altura. Por exemplo, ao observar trabalhadores, decidiu que o trabalho deveria incluir pausas para descanso, de modo a que o trabalhador tivesse tempo para recuperar da fadiga. Provou-o com a tarefa de descarga de minério: os trabalhadores foram ensinados a descansar durante o trabalho e a produção aumentou. Esta teoria orienta o estudo, uma vez que, num ambiente escolar, a disposição das aulas na escola e a organização das aulas têm de ser tais que os professores tenham tempo entre as aulas para evitar a fadiga. A organização da escola, como a distância entre as turmas e a sala dos professores, a iluminação, o arejamento e o nível de interação entre os professores, deve ser verificada para que os seus níveis de produtividade sejam sempre óptimos. Outra teoria relacionada com a produtividade numa organização é a teoria dos dois factores.

Teoria dos dois factores

A Teoria dos Dois Factores divide a motivação e a satisfação no trabalho em dois grupos de factores conhecidos como factores de motivação e factores de higiene (Riley, 2005). Os factores de higiene são características do ambiente de trabalho que minimizam o desconforto e a segurança (Hartel et al, 2007). Os factores de higiene são os factores do 'contexto do trabalho', que incluem a política da empresa, a supervisão, a relação com a supervisão, as condições de trabalho, a relação com os colegas, o salário, a vida pessoal, a relação com os subordinados, o estatuto e a segurança no trabalho" (Riley, 2005).

O estudo da ergonomia é bem estruturado e apoiado por esta teoria. A ergonomia faz parte do ambiente de trabalho que os intervenientes no sector da educação ignoraram durante muito tempo e, de facto, não há nenhuma política do ministério que aborde o problema. O investigador basear-se-á nesta teoria para garantir que a prestação de serviços dos professores nas escolas públicas seja bem considerada no desenvolvimento de políticas pelo ministério e pela comissão de serviço dos professores. Hartel et al., (2007) Os factores de motivação são as características do ambiente de trabalho que promovem o crescimento e o desenvolvimento dos funcionários. Por outro lado, os factores de motivação são explicados como os seis factores de "conteúdo do trabalho", incluindo a realização, o reconhecimento, o trabalho em si, a responsabilidade, a progressão e a possibilidade de crescimento (Riley, 2005). Os factores de higiene são os factores ambientais associados a sentimentos negativos. Por outro lado, os factores de motivação são os factores associados a sentimentos positivos (Riley, 2005). Embora os factores de higiene não motivem os trabalhadores, é por essa razão que a sua ausência aumenta a insatisfação. Em contrapartida, os factores de motivação incentivam o esforço; no entanto, a ausência destes não aumentará a insatisfação como os factores de higiene, mas sim conduzirá à insatisfação (Hodgetts & Hegar, 2005). Por conseguinte, a premissa básica da Teoria dos Dois Factores é que, se um empregador ou gestor está a tentar aumentar a satisfação no trabalho e, em última análise, o desempenho profissional de um empregado ou colega de trabalho, então tem de abordar os factores que afectam a sua satisfação no trabalho. Numa escola, a temperatura no interior dos gabinetes e das salas de aula, o nível de ruído e de humidade e as infra-estruturas gerais da escola devem ser tidos em consideração para criar um ambiente de aprendizagem seguro. Estes factores também afectam os níveis de produtividade dos professores e dos alunos.

CAPÍTULO DOIS

Este capítulo faz uma revisão da literatura, a fim de contextualizar este livro em relação a outros académicos. Destaca o trabalho de investigação realizado no domínio da ergonomia, com destaque para a conceção do local de trabalho para a aprendizagem e a inovação, o ambiente de trabalho, as soluções ergonómicas para uma força de trabalho envelhecida, o ambiente de trabalho, a qualidade do ar e a iluminação.

Características do emprego e prestação de serviços

Na literatura sobre avaliação do desempenho, muitos estudos sistemáticos têm sido dedicados aos efeitos potenciais de algumas variáveis, como a idade, o género (Lee & Alvares, 1977), a experiência (Schmidt, Hunter, & Outerbridge,1986), o tempo de observação (Moser,Schuler, &Funke, 1999), o afeto interpessoal (Antonioni & Park, 2001), o formato de avaliação (Yun, Donahue, Dudley & McFarland, 2005), os comportamentos desviantes no local de trabalho (Dunlop & Lee, 2004) e a política organizacional (Witt, Kacmar, Carlson, & Zivnuska, 2002; Miron, Erez, & Naveh, 2004) no desempenho profissional.

Experiência e prestação de serviços

Schmidt et al (1986) concluíram que a experiência profissional leva à aquisição de competências, técnicas, métodos, hábitos psicomotores, etc., que produzem diretamente melhorias nas capacidades de desempenho. Antonioni e Park (2001) mostraram que a experiência estava significativamente correlacionada com o desempenho da tarefa e o desempenho contextual. Em contrapartida, as conclusões de Ferris, Witt e Hochwarter (2001) não confirmaram o resultado esperado de que a experiência estava significativamente correlacionada com o desempenho da tarefa e o desempenho contextual. Estas variações indicam que a importância relativa da experiência pode depender da complexidade da família de empregos. É possível que, em postos de trabalho mais complexos, um aumento da experiência profissional resulte num maior conhecimento do posto de trabalho e no desempenho da tarefa. O oposto pode ser verdadeiro para empregos de menor complexidade. Existe um conjunto substancial de investigação, tanto no domínio da sociologia como da economia, que revelou a relação entre educação, produtividade, satisfação profissional e salário (por exemplo, Groeneveld & Hartog, 2004; Voon & Miller, 2005). Na opinião de Garg & Rastogi (2006), a variedade de competências refere-se à medida em que o posto de trabalho exige que o trabalhador recorra a um certo número de competências e capacidades diferentes, bem como a uma série de conhecimentos; a identidade da tarefa refere-se ao facto de o posto de trabalho ter um início e um fim identificáveis ou de o trabalhador realizar um módulo de trabalho completo; a importância da tarefa refere-se ao grau em que o posto de trabalho afecta a vida ou o trabalho de outras pessoas.

Nível de educação e prestação de serviços

O nível de educação necessário para um emprego na força de trabalho é um problema persistente em todos os países industrializados. Espera-se que quanto mais elevado for o nível de educação, mais produtivo será o trabalhador, onde quer que esteja empregado. Voon & Miller (2005) concluíram que o nível de educação está positivamente associado às avaliações do supervisor sobre o desempenho profissional. Esta imagem mostra um professor a ensinar crianças pequenas

Fonte: Uma maior insatisfação gera um menor esforço de trabalho, o que reduz a produtividade dos trabalhadores (Groeneveld & Hartog, 2004).

Os operários que trabalham em oficinas exercem diferentes níveis, frequências e durações do esforço físico durante a execução das tarefas do seu trabalho. A exigência de esforço físico de um posto de trabalho muda de uma combinação de estar sentado, estar de pé e trabalhar com pouca exigência para uma exigência intensa de levantar objectos com peso superior a 30 kg sem ajuda mecânica (Ferris, Witt, & Hochwarter, 2001). A ênfase na qualidade dos produtos e serviços aumentou com o estabelecimento da norma de qualidade ISO 9000. Os principais requisitos da norma ISO 9000 são que as organizações desenvolvam e implementem um conjunto de rotinas e procedimentos para a conceção, fabrico, entrega, serviço e apoio de produtos. A normalização assegura que todos os clientes obtêm o mesmo produto e serviço, tal como prometido. A produção fiável e normalizada com uma variação mínima só pode ser alcançada quando os empregados confirmam e aderem às regras existentes (Ferris, Witt, & Hochwarter, 2001).

Inovação e prestação de serviços

É evidente que, quando se considera a aprendizagem e a inovação nas organizações, o ambiente de trabalho é uma influência muito importante em termos de facilitadores ou inibidores da aprendizagem e do comportamento criativo no trabalho. Amar, (2001) observou nos seus estudos que a inovação bem sucedida era conseguida através da criação de um ambiente de simbiose em que os líderes ajudam os seus empregados a estabelecer ambições mutuamente benéficas e proporcionam a cada um deles um fórum para as alcançar. Este estilo de liderança é designado por liderança simbiótica e adequa-se às necessidades dos trabalhadores do conhecimento. Os gestores de todas as organizações podem utilizar práticas e técnicas de liderança simbiótica para criar ambientes de trabalho inovadores. Desta forma, os gestores proporcionarão aos trabalhadores especializados um ambiente que permita a melhor utilização da sua criatividade.

Autonomia, realização pessoal, feedback e prestação de serviços

A autonomia refere-se ao grau em que o posto de trabalho proporciona liberdade, independência e discrição ao indivíduo na programação do trabalho e na determinação dos procedimentos, e o feedback refere-se ao grau em que a realização das actividades de trabalho exigidas pelo posto de trabalho resulta na obtenção, por parte do indivíduo, de informação direta e clara sobre a eficácia do seu desempenho. As características relacionadas com o trabalho são mencionadas como factores que estimulam a aprendizagem e a inovação (Haight, 2003). Tal decorre do facto de as componentes do trabalho, como um elevado nível de responsabilidade, novas tarefas em caso de transição, trabalho em equipa e obstáculos como a falta de apoio da gestão de topo ou de capital financeiro, obrigarem os trabalhadores a serem criativos na realização do seu trabalho, o que reforça a aprendizagem e a inovação. A inovação depende do facto de os trabalhadores estarem motivados para contribuir para a aprendizagem e para os processos inovadores na organização. A conceção dos postos de trabalho, o contexto de trabalho, os desafios profissionais e os percursos profissionais podem aumentar a aprendizagem e o comportamento inovador dos trabalhadores (McMahan, 1999).

A ergonomia é um fator significativo para alcançar e manter níveis elevados de produtividade dos trabalhadores. À medida que os EUA e outras nações industrializadas enfrentam uma mudança demográfica para uma força de trabalho envelhecida, o papel da ergonomia no local de trabalho tornou-se cada vez mais importante. A American Association for Retired Persons (AARP) refere que, entre 2000 e 2020, o número de indivíduos na faixa etária dos 55-64 anos aumentará quase 40 por cento, e os da categoria dos 65+ aumentarão mais de 40 por cento (AARP). Com estes aumentos previstos, os planeadores e gestores de instalações são forçados a considerar concepções de locais de trabalho que não só sejam adaptadas aos trabalhadores mais velhos, mas que também tenham em conta as questões de segurança e sejam concebidas para evitar lesões. A fim de fornecer soluções ergonómicas eficazes para os trabalhadores mais velhos, os planeadores e gestores de instalações devem ter em conta que as capacidades físicas diminuem com a idade. Os declínios físicos relacionados com a idade incluem a força, a velocidade de movimento, a amplitude de movimento, a fadiga e as capacidades motoras (Haight, 2003). Para além destes declínios de capacidades relacionados com a idade, os responsáveis pelo planeamento e os gestores devem também ter em conta as perturbações por traumas cumulativos (DTC). As DTC ocorrem nos sistemas músculo-esquelético e nervoso e podem ser causadas ou agravadas por movimentos repetitivos, esforço forçado, vibração, compressão mecânica e postura sustentada ou incómoda

(McMahan, 1999). As DTC podem afetar quase todos os tecidos (nervos, tendões, bainhas dos tendões e músculos), mas afectam mais frequentemente as extremidades superiores (National Safety Council, 1997). Estas lesões dolorosas e por vezes incapacitantes desenvolvem-se ao longo do tempo e resultam geralmente de acções repetidas, como torcer e dobrar os braços ou os pulsos.

Para além dos seus efeitos físicos, as DTC têm também um enorme impacto económico. As DTC são responsáveis por mais de 50% de todas as doenças profissionais nos EUA (Bureau of Labor Statistics, 2003). Entre as principais lesões e doenças incapacitantes, a síndrome do túnel cárpico, um tipo de DTC que comprime os nervos do antebraço para a mão, causando dor e dormência nos dedos, foi responsável pelo maior número de dias de ausência do trabalho, ultrapassando as fracturas e as amputações. Para além disso, as lesões causadas por movimentos repetitivos, como agarrar e escrever à máquina, foram responsáveis pelas ausências mais prolongadas do trabalho (Bureau of Labor Statistics, 2004).

A maioria dos trabalhadores está a sentir um desejo crescente de significado e realização no trabalho (Bureau of Labor Statistics, 2004). Quanto mais os trabalhadores experimentam um objetivo pessoal e um significado no trabalho, mais se empenham na organização (Haight, 2003); assim, os empregadores estão a procurar formas de facilitar o significado no trabalho. Após entrevistar mais de 100 gestores e executivos seniores, Haight (2003) concluiu que o que dá sentido e objetivo aos trabalhadores no trabalho é: a capacidade de realizar todo o seu potencial; estar associado a uma organização boa ou ética; trabalho interessante; ganhar dinheiro; ter bons colegas; servir a humanidade; servir as gerações futuras e servir a comunidade imediata. As pessoas procuram emprego com determinadas características que dão sentido ao trabalho. Embora o espírito ou espiritualidade no trabalho esteja a ser promovido como uma via potencial para dar sentido e realização no trabalho, os factores que promovem o espírito no trabalho ainda não foram identificados empiricamente. Além disso, ainda não foi amplamente aceite uma definição de espírito no trabalho. O espírito no trabalho (Haight, 2003), a espiritualidade no trabalho (Amar, 2001), o espírito no local de trabalho, a espiritualidade no local de trabalho e a espiritualidade no local de trabalho são frequentemente utilizados para descrever o que parece ser um conceito semelhante.

Haight (2003) observou que um maior empenhamento dos trabalhadores que se definem como tendo um melhor bem-estar psicológico, uma melhor saúde física e relações sociais mais fortes resulta numa produtividade elevada. Um menor empenhamento é mais comum entre os trabalhadores que trabalham demasiado e durante demasiadas horas (ou seja, os viciados no trabalho) e que também sentem desespero psicológico e desespero em relação ao seu trabalho (ou seja, esgotamento profissional).

Ambiente de trabalho e prestação de serviços

As condições correctas do local de trabalho são factores importantes para a saúde e o desempenho, sendo rentáveis e benéficas em todos os sentidos. Os ambientes interiores afectam a produtividade e os problemas de saúde e, por conseguinte, o desempenho dos trabalhadores (Marshall et al., 2002; Fisk, 2000). A melhoria das condições do local de trabalho e das normas de saúde assegura o desempenho dos trabalhadores. Criar uma infraestrutura física para satisfazer os clientes internos e externos e, assim, obter um melhor desempenho e lucro no local de trabalho terá um impacto direto no sucesso de uma organização e na riqueza da comunidade (Monroe, 2000).

A perceção das condições do local de trabalho é importante para explicar os níveis de stress dos clientes internos (Visser et al., 2003). Num local de trabalho, existem três causas principais de stress. São elas o ambiente físico, a organização do trabalho e os factores psicossociais. Os factores de stress físico incluem a má qualidade do ar interior (QAI), o ruído, as vibrações, a iluminação inadequada, a permanência excessiva de pé, a má posição dos assentos, os movimentos incómodos, os movimentos repetitivos e outros problemas ergonómicos (Walker, 1993; Dalbokova e Krzyzanowski, 2002). As condições adequadas do local de trabalho ajudam a trabalhar de forma produtiva e eficaz. Os seres humanos não podem ter um bom desempenho e estar satisfeitos em ambientes que não sejam ideais. As condições ambientais do local de trabalho, como a iluminação, a qualidade do ar interior, a ergonomia e a acústica, ganharam atenção como parte do crescimento do interesse pela satisfação dos clientes internos e externos, tendo sido encontrada uma relação significativa entre a satisfação e o desempenho dos trabalhadores.

Ventilação e prestação de serviços

Dalbokova & Krzyzanowski, (2002) argumentam que a ventilação é importante para o controlo de poeiras, fumos, gases, aerossóis, clima e factores de conforto térmico. A exposição a diferentes tipos de poeiras pode resultar em fibrose pulmonar, reacções alérgicas e ataques de asma. Vários vapores, gases e aerossóis têm a capacidade de causar danos nas vias respiratórias e na pele. Os extremos de calor podem reduzir a concentração e a motivação e causar várias doenças relacionadas com o calor. Os extremos de calor podem também reduzir a tolerância à exposição a produtos químicos e ao ruído e aumentar o risco de ataques cardíacos. A qualidade do ar interior (QAI) tem um impacto direto nas queixas de saúde dos trabalhadores e no seu desempenho profissional (Dalbokova & Krzyzanowski, 2002). Uma boa QAI melhora as qualidades de produção e ajuda a aumentar a produtividade dos trabalhadores através da manutenção de um ambiente de trabalho saudável (Martin, 1999). Uma boa QAI promove uma maior satisfação dos clientes internos e externos (Perry, 2001). Uma má QAI causa problemas de saúde relacionados com a síndrome do edifício doente e resulta em ambientes de trabalho desconfortáveis (Czubaj, 2002; Shiaw-Fen Ferng, 2002). Os estudos que investigam a relação entre a qualidade do ar interior e a eficiência explicam que pequenas alterações na temperatura e na humidade têm um efeito significativo na eficiência dos empregados. É razoável examinar cuidadosamente se a relação entre a qualidade do ar interior e a eficiência tem um efeito sobre a quantidade e a qualidade do trabalho produzido (Sullivan, 1995).

Uma imagem de uma casa ventilada é indicada aqui.

Fonte: Imagens que indicam a ventilação na sala de aula

Os efeitos da má qualidade do ar na saúde humana são de grande alcance, mas afectam principalmente o sistema respiratório e o sistema cardiovascular do corpo. As reacções individuais aos poluentes atmosféricos dependem do tipo de poluente a que uma pessoa está exposta, do grau de exposição, do estado de saúde do indivíduo e da sua genética. As pessoas que praticam exercício físico ao ar livre, por exemplo, em dias quentes e de fumo, aumentam a sua exposição aos poluentes do ar. Os efeitos na saúde causados pelos poluentes atmosféricos podem variar desde alterações bioquímicas e fisiológicas subtis até à dificuldade em respirar, pieira, tosse e agravamento de doenças respiratórias e cardíacas existentes. Estes efeitos podem resultar no aumento da utilização de medicamentos, no aumento das consultas médicas ou das urgências, no aumento do número de internamentos hospitalares e até na morte prematura (Shiaw-Fen Ferng, 2002).

Iluminação e prestação de serviços

Embora haja conservação de energia com um sistema de iluminação adequado, os benefícios económicos do design energeticamente eficiente, como a redução do encandeamento e da intensidade da iluminação, podem ser significativamente maiores do que apenas a poupança de custos de energia (Sullivan, 1995). Os níveis de iluminação têm de ser adequados para permitir a correcta visualização dos objectos. Eis um exemplo de uma janela para um sistema de iluminação.

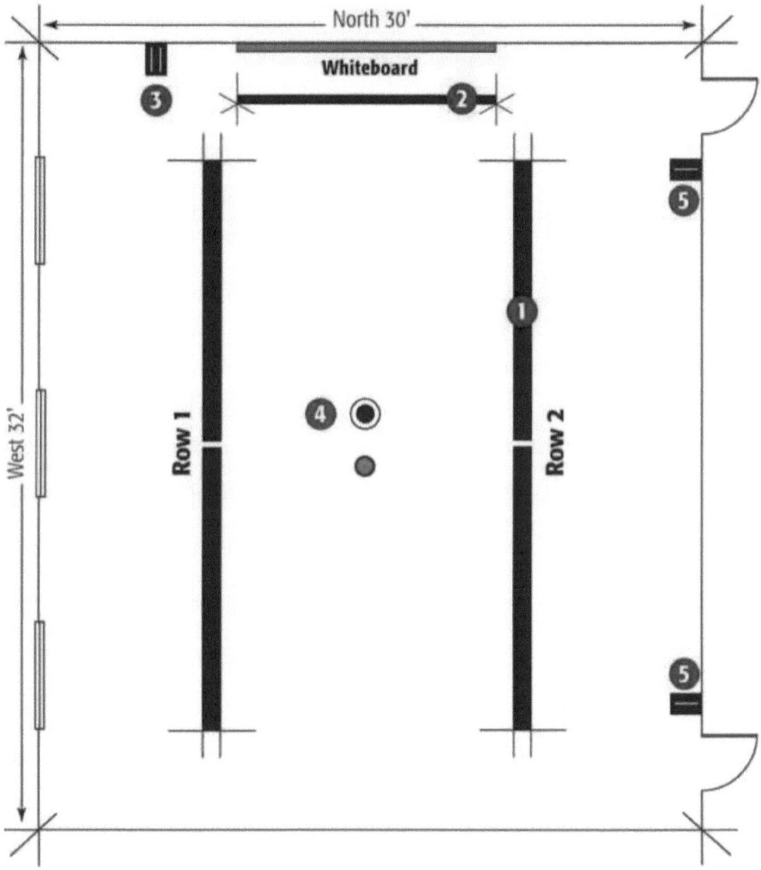

Fonte: Sistema de iluminação integrado na sala de aula

Trabalhar em ambientes de trabalho com pouca ou muita luz pode provocar fadiga ocular, dores de cabeça, irritabilidade e, inevitavelmente, uma redução da produtividade. As fontes de luz, incluindo o sol, podem criar reflexos, brilhos e sombras indesejáveis no local de trabalho, que podem causar desconforto e distração e interferir com o desempenho das tarefas visuais. Os baixos níveis de iluminação podem causar depressão, que em algumas pessoas pode ser grave.

Czubaj (2002) descobriu que 30 a 50% da energia consumida nos edifícios comerciais é utilizada para iluminação. O orçamento de iluminação é de 90 cêntimos por pé quadrado, comparado com 30 dólares por pé quadrado para o custo do trabalhador nos edifícios de escritórios. Por este motivo, ao redesenhar o sistema de iluminação, deve ser dada atenção às formas de aumentar o desempenho dos funcionários. Os resultados da investigação do Lighting Bureau indicam que, após o novo sistema de iluminação, o aumento da produtividade do Grupo de Operações da Central Data em Sunnyvale foi de 6 por cento. Os outros estudos sobre este tema explicam a relação significativa entre os sistemas de iluminação e as queixas relacionadas com os olhos, as dores de cabeça e o nervosismo. Os estudos efectuados por diferentes associações indicam que existe uma correlação significativa entre os sistemas de iluminação e a eficiência dos trabalhadores (Tatum, 1995). A iluminação correcta do local de trabalho contribui para reduzir o absentismo dos trabalhadores, aumentar a qualidade e melhorar a segurança (Occupational Hazards, 2000). Nos EUA, estima-se que as potenciais poupanças anuais e os ganhos de produtividade são de 17 a 48 mil milhões de dólares provenientes de problemas de saúde originados em ambientes fechados e de 20 a 160 mil milhões de dólares provenientes de melhorias directas no desempenho dos trabalhadores (Fisk, 2000).

Os estudos que incidem sobre a relação entre a suficiência do local de trabalho e os níveis de desempenho dos trabalhadores estão a aumentar gradualmente. Os esforços de melhoria e/ou reorganização dos níveis de conforto das instalações são acelerados para obter um maior nível de satisfação dos trabalhadores. Para que as funções nos edifícios possam ser executadas com regularidade e facilidade, é necessário que o local de trabalho seja confortável, tendo em conta a qualidade do ar interior, a acústica, a iluminação, a ergonomia e as actividades sociais. Todos os utilizadores de um edifício devem alcançar "a satisfação externa" (Schulz e Johnson, 1976, p. 4). E o nível de suficiência geral do edifício determina o nível de satisfação externa (Tarcan, 1994).

A International Facility Management Association (IFMA) concluiu que as instalações bem geridas e com elevados níveis de eficiência têm também efeitos significativos no desempenho dos empregados e, consequentemente, das empresas (IFMA, 1999). Apesar de todos os esforços dos especialistas, muitos edifícios, mesmo os novos, têm geralmente sérios problemas de eficiência. Isto causa maus resultados, tais como perda de produtividade, problemas de saúde e segurança, pouco conforto e satisfação dos utilizadores (Preiser, 1997). No entanto, a consideração dos factores ambientais raramente entra no interesse dos gestores pelo desempenho dos seus trabalhadores e empresas (Marshall et al., 2002). Com os actuais edifícios inteligentes e os estudos sobre a relação entre desempenho e local de trabalho, a gestão de instalações está a tornar-se muito mais importante do que antes. Os gestores de instalações estão a ser mais solicitados pelos utilizadores e proprietários dos edifícios. Os sistemas informatizados de gestão de instalações podem ajudar os gestores de instalações a responder a estas exigências e a assegurar um desempenho de topo nesta área (Sandquist, 1999; Tarcan e Varol, 2000). Existe uma necessidade crescente de informação sobre a comparação das relações entre as condições ambientais do local de trabalho, os problemas de saúde e a suficiência do conforto no local de trabalho. Este estudo contribuirá para uma melhor avaliação das políticas de desenvolvimento das condições ambientais no local de trabalho por parte dos decisores políticos.

Karger A& Basel, (2013) realizaram um estudo para investigar se os factores de risco ergonómico da voz nas salas de aula se correlacionavam com os parâmetros acústicos da produção vocal dos professores. Descobriu-se que quanto maior era o número de factores de risco nas salas de aula, mais elevado era o SPL (nível de pressão sonora) utilizado pelos professores e mais tensas eram as vozes dos homens (aumento do rácio alfa). O SPL já era mais elevado antes do dia de trabalho nos professores com maior risco do que naqueles com menor risco. No ambiente de trabalho com muitos factores de risco ergonómico da voz, os oradores aumentam o volume da voz e utilizam uma qualidade de voz mais tensa (homens). Uma implicação prática dos resultados é que são necessárias avaliações da ergonomia vocal nas escolas.

Conceção do trabalho e prestação de serviços

Na opinião de Opatha (2002), "a conceção do posto de trabalho é a função de organizar tarefas, deveres e responsabilidades numa unidade de trabalho organizacional". A conceção do posto de trabalho é a forma de organizar os conteúdos, os métodos e a relação entre os postos de trabalho, a fim de atingir as metas e os objectivos organizacionais, bem como a satisfação dos titulares dos postos de trabalho. Existem várias abordagens à conceção do posto de trabalho. A este respeito, Aswathappa (2006) explicou que existem várias abordagens à conceção de postos de trabalho, nomeadamente: rotação de postos de trabalho, engenharia de postos de trabalho, alargamento de postos de trabalho e enriquecimento de postos de trabalho.

A rotação de funções e o alargamento das funções foram concebidos para tirar partido da especialização do trabalho a partir da abordagem da engenharia do trabalho (Luthans, 2005). A rotação de funções permite que um trabalhador trabalhe em diferentes departamentos ou funções numa organização para obter uma melhor compreensão das operações. O alargamento do posto de trabalho pode ser utilizado para aumentar a motivação, dando aos trabalhadores mais e variadas tarefas. O enriquecimento do trabalho é a técnica que implica o enriquecimento do trabalho, o que se refere à inclusão de uma maior variedade de conteúdos de trabalho, exigindo um nível mais elevado de conhecimentos e competências, dando aos trabalhadores autonomia e responsabilidade em termos de planeamento, direção e controlo do seu próprio desempenho, e proporcionando a oportunidade de crescimento pessoal e de uma experiência de trabalho significativa (Garg & Rastogi, 2006). Herzberg (2003) provou que o enriquecimento do posto de trabalho proporciona a oportunidade de crescimento psicológico dos trabalhadores, enquanto o alargamento do posto de trabalho se limita a torná-lo estruturalmente maior. Al-Ahmadi (2009) indicou que a natureza do próprio posto de trabalho estava positivamente correlacionada com o desempenho, o que indica que a satisfação com a variedade e o desafio do posto de trabalho influenciam efetivamente o desempenho.

O espírito no trabalho, a nível pessoal, reflecte um estado distinto que envolve sentimentos profundos de bem-estar, a convicção de que o trabalho contribui para a realização do mesmo, um sentido de ligação aos outros e de objetivo comum, a consciência de uma ligação a algo maior do que o próprio e um sentido de perfeição e transcendência (Kinjerski e Skrypnek, 2004). Considerado benéfico para os empregados, clientes e empregadores, o espírito no trabalho está a ser promovido por académicos e consultores organizacionais. As organizações necessitam de programas para aumentar o espírito no trabalho e, por esta razão, foi efectuada uma investigação sobre as características do trabalho no capítulo três.

CAPÍTULO TRÊS

METODOLOGIA DE INVESTIGAÇÃO

Introdução

Esta secção trata da metodologia que foi utilizada na realização da investigação. Fornece uma descrição da conceção da investigação e das razões pelas quais esta conceção específica é considerada adequada para este estudo. A secção também descreve a população-alvo, a dimensão da amostra e as técnicas de amostragem a utilizar, a descrição dos instrumentos de recolha de dados e o procedimento de recolha. A parte final descreve o procedimento de análise dos dados.

Conceção da investigação

O estudo adoptou um modelo de investigação de inquérito descritivo. Foram utilizados métodos qualitativos e quantitativos, a fim de obter dados suficientes para o estudo. Enquanto o método qualitativo permitiu ao investigador descrever em pormenor um fenómeno tal como está situado e inserido em contextos locais com base em informações de casos individuais, a abordagem quantitativa fornece dados precisos, quantitativos e numéricos que permitem fazer generalizações (Crotty, 1998). O inquérito descritivo também permitiu ao investigador gerar dados numéricos e descritivos que foram utilizados para medir a relação entre as variáveis. Por conseguinte, era adequado para este estudo porque descrevia em termos qualitativos o grau de relação entre as variáveis (Kothari, 1995). Creswell (2003), numa conceção de inquérito, forneceu uma descrição quantitativa ou numérica das tendências, atitudes ou opiniões de uma população através do estudo de uma amostra dessa população. A partir dos resultados da amostra, o investigador generaliza sobre a população, especialmente se esta for demasiado grande.

Objectivos do estudo

Os objectivos do estudo incluíam

i. Determinar de que forma as características profissionais influenciam a prestação de serviços dos professores nas escolas públicas dos distritos de Mathira Este e Oeste

ii. Avaliar a influência do ambiente de trabalho na prestação de serviços dos professores das escolas públicas dos distritos de Mathira Leste e Oeste

iii. Determinar de que forma a organização do trabalho influencia a prestação de serviços dos professores nas escolas públicas dos distritos de Mathira Este e Oeste

Questões de investigação

A investigação procurou responder às seguintes questões

i. Como é que as características profissionais influenciam a prestação de serviços dos professores nas escolas públicas dos distritos de Mathira Este e Oeste?

ii. Como é que o ambiente de trabalho influencia a prestação de serviços dos professores nas escolas públicas dos distritos de Mathira Este e Oeste?

iii. Como é que a organização do trabalho influencia a prestação de serviços dos professores nas escolas públicas dos distritos de Mathira Este e Oeste

Localização do estudo

O local do estudo foram os distritos de Mathira East e Mathira West. De acordo com o DEO (2013), o círculo eleitoral tem uma população de cerca de 562 professores em escolas secundárias públicas. O círculo eleitoral de Mathira tinha cerca de 42 escolas secundárias.

População-alvo

A população do estudo era constituída por todos os professores das escolas secundárias públicas registadas que funcionam nos distritos de Mathira East e West, no condado de Nyeri. Foi obtida uma lista de todos os professores das escolas secundárias junto dos serviços distritais de educação. A lista constituía um total de vinte e seis escolas de Mathira East e dezasseis escolas de Mathira West.

O investigador visou os professores do ensino secundário público.

A população-alvo incluía 562 professores em ambos os distritos, como indicado no quadro seguinte

School Categories	Teachers Population
National	59
Extra County	88
County	65
District	350
Total	**562**

Fonte: D.E.O., Mathira East & West, 2013

Dimensão da amostra e processo de amostragem

Foi usado o método de amostragem estratificada para identificar os professores nas Escolas Nacionais, nas Escolas do Condado, nas escolas extra-condado e nas escolas distritais nos Distritos de Mathira Este e Mathira Oeste. Gay & Airasian (2000) indicam que uma amostragem de 10% a 20% da população é aceitável para a investigação descritiva. A dimensão da amostra foi de 57 professores da população-alvo. O tamanho da amostra está representado na tabela seguinte Tamanho da amostra

School Categories	Teachers Population	%	Sample Size
National	59	10	**6**
Extra County	88	10	**9**
County	65	10	**7**
District	350	10	**35**
Total	**562**		**57**

Fonte: D.E.O., Mathira East & West, 2013

Instrumentos de recolha de dados

O questionário para professores foi utilizado como instrumento de recolha de dados. O questionário foi utilizado para a recolha de dados porque, como observam Kiess & Bloomquist (1985), oferecia vantagens consideráveis na administração: Apresentava um estímulo uniforme potencialmente para um grande número de pessoas em simultâneo e proporcionava à investigação uma fácil acumulação de dados. Gay (1992) defende que o questionário dá liberdade aos inquiridos para exprimirem os seus pontos de vista ou opiniões e também para fazerem sugestões. A estruturação do questionário baseou-se nas variáveis identificadas no estudo. Os questionários foram administrados a todos os inquiridos das várias escolas secundárias dos dois distritos.

Fiabilidade

Mugenda e Mugenda (1999) definiram a fiabilidade como uma medida do grau em que um instrumento de investigação produz resultados ou dados consistentes após repetidas tentativas. Para melhorar a fiabilidade dos instrumentos, o investigador realizou um estudo-piloto em duas escolas dos dois distritos que não estavam envolvidas no estudo propriamente dito. Foi utilizada a técnica de teste-reteste para testar a fiabilidade, em que os questionários-piloto foram administrados duas vezes aos inquiridos, com um intervalo de uma semana, para permitir o teste de fiabilidade. Em seguida, as pontuações foram correlacionadas utilizando a fórmula de correlação produto-momento de Pearson para determinar o coeficiente de fiabilidade. Foi determinado um coeficiente de correlação de Pearson de 0,81. Este valor foi aceite, uma vez que um coeficiente de correlação de 0,7 ou superior é considerado aceitável, tal como recomendado por Mugenda & Mugenda (1999).

Validade

A validade é definida como a exatidão e o significado das inferências, que se baseiam nos resultados da investigação (Mugenda e Mugenda, 1999). Depois de pilotar os instrumentos de investigação, o investigador estimou o grau de coerência das respostas para cada instrumento. A validade de face refere-se ao facto de os testes parecerem medir o que se pretendia medir pelo seu valor facial. A validade de conteúdo refere-se à medida em que um instrumento representa os objectivos em estudo. A validade de construção refere-se à medida em que as inferências podem ser legitimamente efectuadas. O estudo-piloto foi utilizado para identificar quaisquer itens do questionário que fossem ambíguos ou pouco claros para os inquiridos, tendo estes sido alterados, melhorando assim a validade. A validade foi estabelecida através da apreciação de peritos, pelo que os questionários foram elaborados em estreita consulta com o supervisor da universidade.

Procedimento de recolha de dados

O investigador obteve uma carta de apresentação da Universidade de Karatina e uma autorização de investigação do Conselho Nacional de Ciência e Tecnologia. Depois disso, o investigador marcou encontros com as escolas da amostra através dos directores para visitar e administrar o questionário. O investigador visitou cada uma das escolas e aplicou o questionário. Foi assegurada a confidencialidade dos inquiridos, tendo-lhes sido dado tempo suficiente para preencherem o questionário, após o que o investigador recolheu o questionário preenchido.

Análise de dados

A análise de dados envolveu a síntese da informação obtida através dos métodos de recolha de dados acima mencionados numa descrição compreensível do que foi observado e descoberto. Envolveu a limpeza e a modelação dos dados de modo a obter informações úteis. Os dados do estudo incluíram: dados quantitativos, qualitativos e categóricos, todos eles utilizados para encontrar respostas para as questões de investigação e para cumprir os objectivos do estudo. Os dados foram analisados com a ajuda do pacote estatístico para as Ciências Sociais (SPSS) versão 19 e apresentados em Tabelas, Figuras, Gráficos e Quadros.

Considerações éticas

Foram observadas considerações de carácter ético. Por exemplo, foi assegurado aos inquiridos que não lhes era exigido que indicassem os seus nomes nos instrumentos de investigação e que as suas respostas seriam tratadas com a máxima confidencialidade. Esta medida visava garantir que os seus direitos não fossem violados e que a informação fosse utilizada apenas para fins académicos e não para incriminar ninguém. O objetivo do estudo foi explicado aos inquiridos e foram-lhes feitos pedidos para participarem no estudo. Os dados foram analisados no capítulo quatro.

CAPÍTULO QUATRO

ANÁLISE, APRESENTAÇÃO E DISCUSSÃO DOS DADOS Introdução

Este capítulo centra-se na análise, interpretação e apresentação dos dados. O objetivo deste estudo era investigar os factores ergonómicos que influenciam a prestação de serviços dos professores nas escolas secundárias públicas dos distritos de Mathira East e West, no condado de Nyeri. Os dados foram analisados e discutidos em seguida.

Taxa de resposta

A taxa de resposta dos inquiridos é apresentada neste quadro.

School Categories	Issued Questionnaires	Responded to	Percentage
National	6	6	100
Extra County	9	9	100
County	7	7	100
District	35	34	97.1
Total	**57**	**56**	**98.2**

Este quadro mostra um total de 57 questionários distribuídos aos inquiridos. Todos os questionários dos professores nacionais, extra-concelhios e distritais foram respondidos. Foram respondidos 34 dos 35 questionários enviados aos professores distritais.

Características demográficas dos inquiridos

O investigador considerou necessário recolher alguma informação de base sobre os inquiridos. Esta informação foi relevante para o investigador, uma vez que fornece uma descrição dos inquiridos em termos de proporção de género, idade e experiência na área do ensino. Estas informações ajudam o estudo a formar uma base de dados sobre os inquiridos e podem explicar paradigmas específicos sobre os inquiridos. Os resultados são resumidos a seguir.

Género dos inquiridos

Foi pedido aos inquiridos que indicassem o seu género. Os resultados estão resumidos no quadro seguinte

School Categories	Male	Female
National	2	4
Extra County	4	5
County	3	3
District	13	21

Esta tabela indica que dos seis inquiridos das escolas nacionais, dois eram homens e quatro eram mulheres. Quatro professores da escola extra-condado eram do sexo masculino e cinco do sexo feminino. Um inquirido da escola do condado não incluiu o seu género no questionário.

Idade dos inquiridos

Os inquiridos foram convidados a indicar a sua idade. Os resultados estão indicados no quadro que se segue

School Categories	National	Extra County	County	District
Below 30	2	2	2	4
30-40	1	2	2	9
Over 40	3	5	3	21

Nesta tabela, dois professores das escolas nacionais, extra-concelhias e distritais tinham menos de 30 anos de idade, um professor da escola nacional, dois da extra-concelhia e dois das escolas distritais tinham entre 30-40 anos de idade. Nove professores das escolas distritais tinham entre 30 e 40 anos de idade. Da análise efectuada, o investigador conclui que a maioria dos professores tinha mais de 30 anos de idade.

Características do emprego e prestação de serviços

O primeiro objetivo deste estudo era determinar de que forma as características profissionais influenciam a prestação de serviços dos professores nas escolas públicas dos distritos de Mathira Este e Oeste. Para determinar de que forma as características profissionais influenciam a prestação de serviços, o investigador nesta secção fez aos inquiridos uma série de perguntas sob a forma de afirmações em que se pretendia determinar a caraterística profissional. As respostas foram dadas de várias formas e combinavam uma escala de likert de cinco pontos.

Experiência e prestação de serviços

O investigador pediu aos inquiridos que indicassem o tempo de serviço no domínio do ensino. O objetivo era determinar a distribuição dos anos de serviço entre os inquiridos. Os resultados são apresentados no quadro seguinte

Tempo de serviço

No of Years	National	Extra County	County	District
1-5	1	2	1	6
5-10	2	4	3	10
Over 10	3	3	3	18

A tabela mostra que um professor da escola nacional, dois da escola extra-concelhia e um da escola municipal tinham menos de cinco anos de serviço, assim como seis professores das escolas distritais. Os professores que tinham servido entre 5 e 10 anos eram dois, quatro, três e 10 em

Nacional, extra-condado, condado e escolas distritais, respetivamente. Foi pedido aos inquiridos que indicassem de que forma a sua experiência de ensino os ajuda na realização das tarefas. Todos os professores indicaram que à medida que ganham experiência ao longo dos anos, torna-se fácil para eles ensinar os seus alunos. Os professores que tinham trabalhado durante longos períodos indicaram que já não vão para a aula com livros de texto porque interiorizaram o conteúdo dos livros de texto utilizados no ensino das suas disciplinas. O investigador conclui que a maioria dos professores tinha mais de 5 anos de experiência de ensino. Esta constatação está de acordo com Antonioni & Park (2001), segundo os quais a experiência está significativamente relacionada com o desempenho da tarefa e o desempenho contextual. Tal como observado por Groeneveld & Hartog (2004) e; Voon & Miller (2005) que revelaram a relação entre educação, produtividade, satisfação no trabalho e salário.

Qualificação académica e prestação de serviços

Foi pedido aos inquiridos que indicassem as suas habilitações académicas nos questionários. As respostas são apresentadas no quadro seguinte

Qualificação académica

No of Years	National	Extra County	County	District
Form six	0	0	0	0
Diploma	0	2	4	4
Bachelor's Degree	4	5	2	23
Master's Degree	2	2	1	7

Esta tabela indica que os professores com qualificação de mestrado eram dois, dois, um e sete nas escolas secundárias nacionais, extra-continentais, distritais e do condado, respetivamente. Os professores com bacharelato eram quatro, cinco, dois e 23 nas escolas secundárias nacionais, extra-continentais, distritais e municipais, respetivamente. Os professores com as qualificações mais baixas eram titulares de diplomas. Foi pedido aos inquiridos que indicassem a sua opinião sobre se a qualificação académica aumenta a produtividade. A partir das respostas, todos os inquiridos indicaram que quanto mais elevada for a qualificação académica, mais conhecimentos têm sobre a matéria e que isso enriquece a sua apresentação de conteúdos. Estes resultados estão em consonância com Voon & Miller (2005), que observaram que quanto mais elevado é o nível de educação, mais produtivos são os empregados onde estão empregados.

Realização de tarefas e prestação de serviços

Os inquiridos foram convidados a indicar se as suas tarefas actuais contribuem para a realização pessoal. As respostas foram obtidas utilizando uma escala de likert de cinco pontos. As respostas estão reflectidas no seguinte quadro

Tarefas actuais e realização pessoal

No of Years	National	Extra County	County	District
Strongly Agree	0(0%)	0(0%)	2(28.6%)	2(5.9%)
Agree	2 (33.3%)	3(33.3%)	2(0%)	11(32.4%)
Undecided	2(33.3%)	1(11.1%)	2(0%)	2(5.9%)
Disagree	0(0%)	0(0%)	1(14.3%)	11(32.4%)
Strongly Disagree	2(33.3%)	5(55.6%)	0(0%)	8(23.5%)

Os resultados desta Tabela indicam que 28,6% dos professores das escolas secundárias distritais concordaram fortemente com a afirmação de que encontram realização pessoal nas suas tarefas actuais. 33,3% dos professores das escolas nacionais e extra-concelhias concordaram com a afirmação, enquanto 32,4% dos professores das escolas secundárias distritais concordaram com a afirmação. Os professores indecisos constituíram uma proporção dos inquiridos com 33,3%, 11,1% e 5,9% dos professores das escolas secundárias nacionais, extra-concelhias e distritais, respetivamente. Para chegar a uma conclusão completa sobre a afirmação, o investigador calculou a pontuação média das respostas, a fim de fazer uma interpretação conclusiva dos resultados. Isto é indicado nos dois quadros seguintes.

Análise da média e do desvio-padrão

Interpretation	Mean Score
Agree	≤ 2.5
Undecided	>2.5 and ≥ 3.5
Disagreed	>3.5

Esta tabela mostra que, se a pontuação da média de um determinado fator for inferior ou igual a 2,5, a interpretação é que os inquiridos concordam com a afirmação, se a média for superior a 2,5 e inferior ou igual a 3,5, os inquiridos estão indecisos, mas se a média for superior a 3,5, os inquiridos discordam da afirmação (Uebersax, 2006).

Análise da média e do desvio-padrão para o cumprimento da tarefa

statement	National		Extra County		County		District		Interpretation
	Mean	SD	Mean	SD	Mean	SD	Mean	SD	
The Current Tasks and Personal Fulfillment	3.9	1.4	3.9	1.5	2.3	1.1	3.4	1.3	Mixed response

Os resultados desta tabela mostram que, com uma média de 3,9 para os professores a nível nacional e extra-condado, os professores discordaram que encontram realização pessoal no ensino, que é a sua tarefa atual. Uma média de 2,3 para os professores do condado indicava concordância com a afirmação e uma média de 3,4 para os professores distritais do ensino secundário estavam indecisos se encontravam realização no seu trabalho atual, uma vez que este se enquadrava na região. O investigador conclui que os professores não encontram realização pessoal no ensino.

Os resultados concordam com Haight (2003), que concluiu que o que dá sentido e objetivo aos trabalhadores no trabalho é: a capacidade de realizar todo o seu potencial; estar associado a uma organização boa ou ética; trabalho interessante; ganhar dinheiro; ter bons colegas; servir a humanidade; servir as gerações futuras e servir a comunidade imediata.

Foi perguntado aos inquiridos se o ensino é exigente para eles. As respostas foram registadas numa escala de likert de 5 pontos e indicadas na figura abaixo.

O ensino como uma carreira exigente

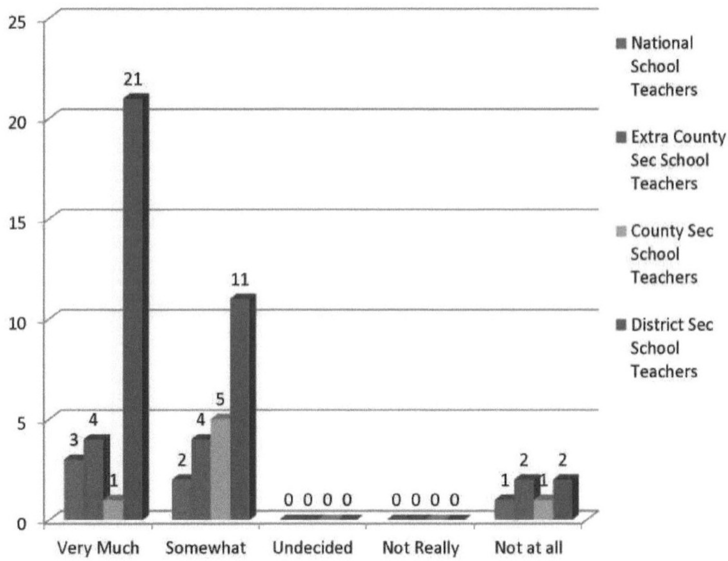

Esta figura indica que as respostas foram distribuídas em dois extremos. 21 professores das escolas distritais consideraram o ensino como exigente, tal como três professores nacionais, quatro professores extra-concelhios e um professor da escola secundária distrital. Foi efectuada uma análise da média e a interpretação é apresentada na Tabela que se segue.

Significa que o ensino é uma carreira exigente.

statement	National		Extra County		County		District		Interpretation
	Mean	SD	Mean	SD	Mean	SD	Mean	SD	
Teaching is a demanding career	2	1.6	2.2	1.6	2.3	1.3	1.6	1	Agree

Esta tabela mostra que os professores das escolas secundárias nacionais, extra-condado, condado e distrito concordam que o ensino é exigente, com uma pontuação média de 2, 2,2, 2,3 e 1,6, respetivamente. O desvio padrão de 1,6 e l para ambas as categorias indica que as pontuações foram distribuídas uniformemente em torno da média na escala de likert. Os resultados concordam com Haight (2003), segundo o qual o empenhamento é mais elevado entre os trabalhadores que se definem como tendo melhor bem-estar psicológico, melhor saúde física e relações sociais mais fortes. Um menor empenhamento é mais comum entre os trabalhadores que referem trabalhar demasiado e demasiadas horas (ou seja, viciados no trabalho) e também é mais comum entre aqueles que referem sentir desespero psicológico e desespero relativamente ao seu trabalho (ou seja, esgotamento profissional).

Autonomia e prestação de serviços

Foi também perguntado aos inquiridos se têm autonomia no seu trabalho. As respostas são apresentadas na figura que se segue.

Autonomia de ensino dos professores

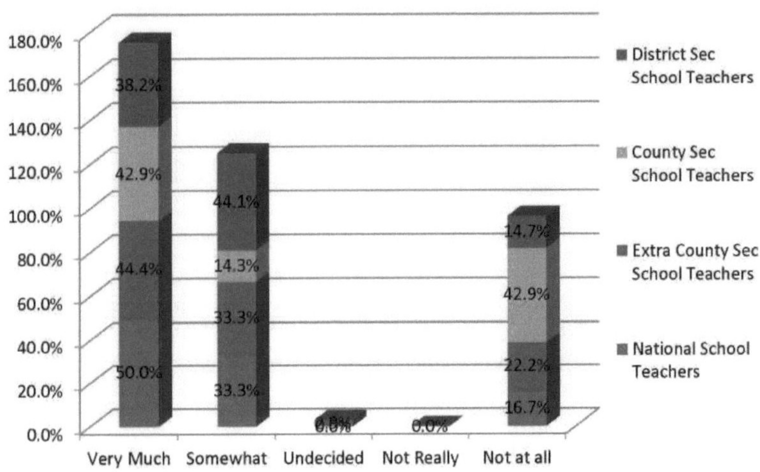

A figura mostra que 38,2%, 42,9%, 44,4% e 50,0% dos professores das escolas distritais, regionais, extra-regionais e nacionais indicaram que os professores têm autonomia de ensino nas suas escolas, respetivamente. 44,1%, 14,3%, 33,3% e 33,3% dos professores das escolas distritais, concelhias, extra-concelhias e nacionais indicaram que os professores têm alguma autonomia de ensino nas suas escolas, respetivamente. A partir desta análise, o investigador conclui que os professores têm autonomia para ensinar nas suas respectivas escolas.

Foi também perguntado aos inquiridos se recebem apoio da direção da escola ou dos colegas professores. As respostas estão indicadas na figura seguinte

Apoio dos colegas e da direção

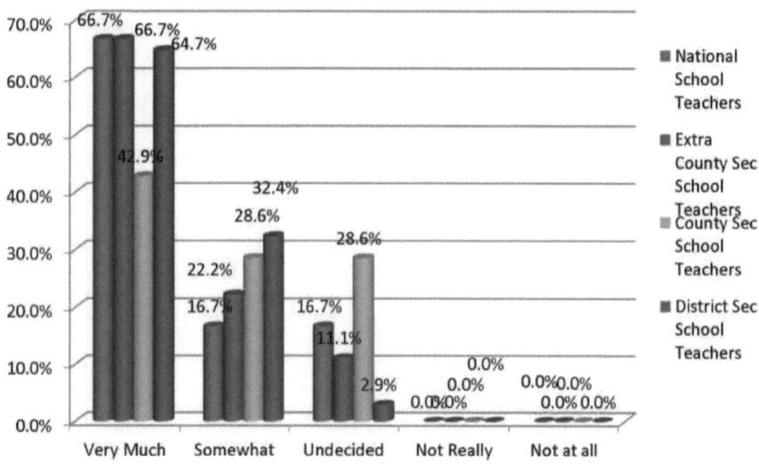

Esta figura mostra que 66,7% dos professores das escolas secundárias nacionais e extra-concelhias indicaram que recebem muito apoio dos seus colegas e da direção da escola. 42,9% e 64,7% dos professores das escolas secundárias municipais e distritais indicaram que recebem muito apoio dos colegas e da direção da escola. A partir da Figura 4.3, 16.7%, 22.2%, 28.6% e 32.4% dos professores nas escolas nacionais, extra-continentais, distritais e de condado indicaram que de alguma forma recebem apoio dos seus colegas e da direção da escola. No entanto, 16,7%, 11,1%, 28,6% e 2,9% dos professores das escolas secundárias municipais e distritais indicaram que estavam indecisos quanto ao facto de receberem apoio dos colegas e da direção da escola. A partir desta análise, o investigador concluiu que os professores recebem apoio dos seus colegas e da direção da escola.

Os resultados acima referidos estão de acordo com Aust et al (2010), segundo os quais os empregos que dão autonomia aos trabalhadores conduzem a um maior nível de prestação de serviços. Os resultados também estão de acordo com Halbesleben, Osburn, & Mumford (2006), segundo os quais o trabalho em equipa nas organizações conduz à partilha do stress no trabalho e reduz o stress individual dos trabalhadores. O mesmo autor argumenta que o trabalho em equipa, mesmo nas funções mais desgastantes, garante que cada trabalhador se sinta parte de uma equipa que tem como objetivo alcançar um papel mais importante, aumentando assim a produção individual e a produção global da equipa.

Ambiente de trabalho e prestação de serviços

O segundo objetivo deste estudo era determinar de que forma o ambiente de trabalho influencia a prestação de serviços dos professores nas escolas públicas dos distritos de Mathira Este e Oeste. Para determinar de que forma o ambiente de trabalho influencia a prestação de serviços, o investigador fez aos inquiridos uma série de perguntas sob a forma de afirmações sobre o ambiente de trabalho que se destinavam a determinar o ambiente de trabalho dos professores. As respostas foram recolhidas utilizando uma escala de likert de 5 pontos. As respostas estão reflectidas abaixo.

Efeito do ambiente de trabalho na prestação de serviços

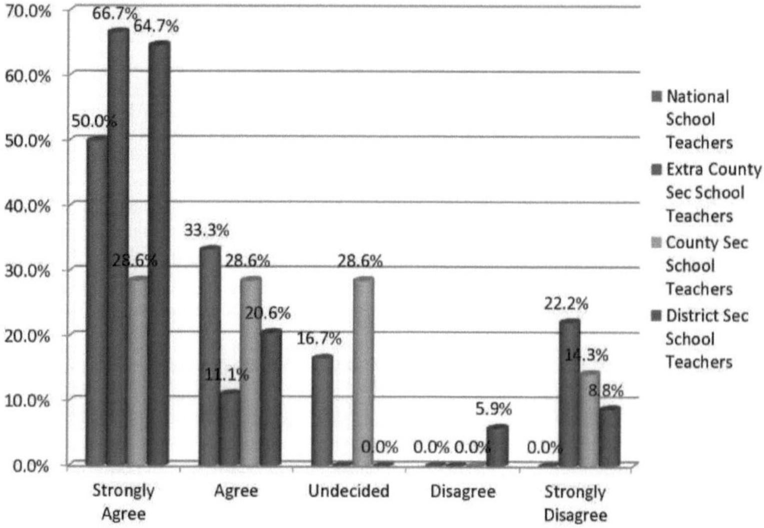

A figura mostra que 50%, 33,3% e 16,7% dos professores das escolas secundárias nacionais concordaram fortemente, concordaram e indecisos, respetivamente, que o ambiente de trabalho afectava a sua prestação de serviços. 66,7%, 11,1% e 14,3% dos professores das escolas secundárias extra-concelhias concordaram fortemente, concordaram e discordaram fortemente, respetivamente, que o ambiente de trabalho afectava a sua prestação de serviços. 28,6%, 11,1% e 14,3% dos professores das escolas secundárias municipais concordaram fortemente, concordaram e discordaram fortemente, respetivamente, que o ambiente de trabalho afectava a sua prestação de serviços. 64,7%, 20,6%, 5,9 e 8,8% dos professores das escolas secundárias distritais concordaram fortemente, concordaram, discordaram e discordaram fortemente, respetivamente, que o ambiente de trabalho afectava a sua prestação de serviços. A partir desta análise, o investigador conclui que o ambiente de trabalho afecta a prestação de serviços dos professores.

Foi pedido aos inquiridos que comentassem certas áreas do seu ambiente de trabalho, tais como a regulação da temperatura da sala, os tipos de recursos utilizados para escrever no quadro de giz, a iluminação e o mobiliário utilizados nas suas salas de aula e gabinetes. As respostas deviam ser dadas numa escala de likert de 5 pontos e estão indicadas no quadro seguinte.

Média para o ambiente de trabalho

Statements	National Sec Teachers Mean	SD	Extra County Sec Teachers Mean	SD	County Sec Teachers Mean	SD	District Sec Teachers Mean	SD	Interpretation
Classrooms and Offices have Fans to regulate temperature	4.5	0.6	3.9	0.7	4.3	0.1	4.3	0.2	Disagree
There are Temp Regulators in Classrooms & Offices used during cold season	1.5	1.9	1.8	1.6	1.9	1.7	1.5	1.3	Agree
The Chalk used in Class Leads to Discomfort while teaching	3.5	1.5	3.8	1.6	2.5	0.9	1.9	1.2	Mixed Reaction
The Lighting in Class is Sufficient for the Learning Environment	2	1.1	1.9	1.7	2	1.6	1.7	1.5	Agree
The office & class furniture is appropriate for teaching and learning	4.2	1.2	3.1	1.9	3.9	1.1	2.3	0.8	Mixed Reaction

A tabela mostra que todas as quatro categorias de professores discordam que as suas salas de aula e gabinetes tenham ventoinhas para regular a temperatura. Os professores de todas as quatro categorias de escolas concordaram que tinham reguladores de temperatura nos seus gabinetes e salas de aula. No entanto, uma análise mais atenta do desvio padrão revela que, enquanto os desvios relativos à presença de ventoinhas foram baixos e registaram 0,6, 0,7, 0,1 e 0,2 para os professores do ensino secundário nacional, extra-condado, condado e distrital, relativamente à presença de reguladores de temperatura o desvio foi de 1,9, 1,6, 1,7 e 1,3, enquanto os desvios relativos à presença de ventoinhas foram baixos e registaram 0,6, 0,7, 0,1 e 0,2 para os professores do ensino secundário nacional, extra-condado, condado e distrital, respetivamente. Isto significa que a distribuição das respostas foi muito alargada na escala de likert relativamente à presença de reguladores de temperatura nos gabinetes, uma vez que as janelas e os tectos são considerados reguladores de temperatura e estavam presentes nas escolas. Uma análise mais detalhada do desvio padrão e da média das respostas

O valor médio das respostas dadas pelos professores das escolas nacionais indicou que a média é inferior ao desvio padrão, uma vez que 1,5<1,9. Isto indicou que as respostas dadas pelos professores das escolas nacionais se aglomeraram em torno dos dois extremos; Concordo fortemente e Discordo fortemente.

Os inquiridos indicaram que a temperatura da sala afectava a sua produtividade e a dos alunos. Todos os inquiridos indicaram que a ventilação nas suas salas de aula era bem fornecida por ar fresco e protegida contra as temperaturas frias. No entanto, indicaram que os seus gabinetes não eram bem ventilados e estavam abafados durante a estação fria, o que fazia com que a propagação da gripe fosse quase instantânea e reduzia a sua produtividade. Estas conclusões estão de acordo com Martin (1999), segundo o qual uma boa QAI melhora as qualidades de produção e ajuda a aumentar a produtividade dos trabalhadores através da manutenção de um ambiente de trabalho saudável. Os resultados também estão de acordo com Czubaj (2002) e Shiaw-Fen (2002), segundo os quais uma má QAI causa problemas de saúde relacionados com a síndrome do edifício doente e resulta em ambientes de trabalho desconfortáveis.

Perguntou-se aos inquiridos se o tipo de giz utilizado no ensino na sala de aula lhes causava desconforto. A partir da Tabela 4.10, uma pontuação média de 3,8 para os professores extra-condado significa que discordavam e uma pontuação média de 2,5 e 1,9 para os professores do ensino secundário do condado e do distrito significa que concordavam que o giz utilizado lhes causava desconforto. Com uma pontuação média de 3,5, os professores do ensino nacional indicaram que estavam indecisos se o giz utilizado no ensino lhes causava desconforto. Os inquiridos indicaram na pergunta aberta que o giz deixava as suas roupas com pó de giz e afectava a sua saúde, uma vez que, ao apagar o quadro, respiravam o pó fino do giz. Também indicaram que o giz era inadequado para pessoas que sofrem de asma, mas que as escolas não estavam dispostas a investir em quadros brancos. Estas conclusões estão de acordo com a IFMA (1999), segundo a qual as instalações bem geridas e com elevados níveis de eficiência têm também efeitos significativos no desempenho dos trabalhadores e, consequentemente, das empresas.

Os inquiridos com uma pontuação média de 2, 1,9, 2 e 1,7 indicaram concordar com a afirmação de que a iluminação das salas de aula e dos gabinetes é suficiente. O desvio-padrão das respostas foi inferior à média em todas as categorias, o que indica que as respostas giraram em torno da média. Os inquiridos indicaram que utilizam a iluminação natural nas suas salas de aula durante o dia. Indicaram que a iluminação artificial era utilizada apenas quando o tempo estava nublado no exterior. Indicaram também que, quando a iluminação nos seus gabinetes era insuficiente e a iluminação artificial não funcionava (cortes de eletricidade), era desconfortável trabalhar nesses ambientes e tinham de esperar que a energia fosse restabelecida. Os resultados concordam com Tatum (1995) quando afirma que existe uma correlação significativa entre os sistemas de iluminação e a eficiência dos trabalhadores. Uma iluminação correcta do local de trabalho contribui para reduzir o absentismo dos trabalhadores, aumentar a qualidade e melhorar a segurança.

Também foi pedido aos inquiridos que indicassem as suas respostas sobre o estado do mobiliário de escritório usado nos gabinetes e nas salas de aula. A partir da Tabela 4.10, foi registada uma pontuação média de 4,2, 3,1, 3,9 e 2,3 para os professores das escolas nacionais, extra-condado, condado e distrito, respetivamente. A pontuação média de 4,2 para os professores da escola nacional indicou discordância com a afirmação de que o mobiliário utilizado nas salas de aula e nos gabinetes era propício à aprendizagem e ao ensino. Uma média de 3,1, 3,9 e 2,3 para os professores extra-condados, condados e distritais indicou que estavam indecisos quanto ao facto de o mobiliário ser favorável à aprendizagem e ao ensino. Os inquiridos indicaram que a escolha das cadeiras na sala dos funcionários não era propícia para trabalhar. Eles indicaram que as cadeiras eram feitas de uma área de assento "dura" e que tinham de trazer almofadas das suas casas para se sentarem nelas. Outros indicaram que a sala do pessoal utilizava cadeiras de plástico que são desaconselhadas pelos fisioterapeutas, uma vez que não são apropriadas para as pessoas com espinal medula que trabalham durante longas horas.

Organização do trabalho e prestação de serviços

O terceiro objetivo deste estudo era determinar de que forma a organização do trabalho influencia a prestação de serviços dos professores nas escolas públicas dos distritos de Mathira Este e Oeste. Para determinar de que forma a organização do trabalho influencia a prestação de serviços, o investigador nesta secção fez aos inquiridos uma série de perguntas sob a forma de afirmações sobre a organização do trabalho, tais como o número de aulas por semana, o número de cursos por escola e o nível de trabalho de equipa na escola. As respostas foram recolhidas utilizando uma escala de likert de 5 pontos, em que 1=concordo totalmente, 2=concordo, 3=indeciso, 4=discordo e 5=discordo totalmente.

Média diária de aulas e prestação de serviços

Foi pedido aos inquiridos que indicassem o número aproximado de aulas por dia. As respostas são apresentadas na figura que se segue.

Média de aulas diárias por professor por categoria de escola

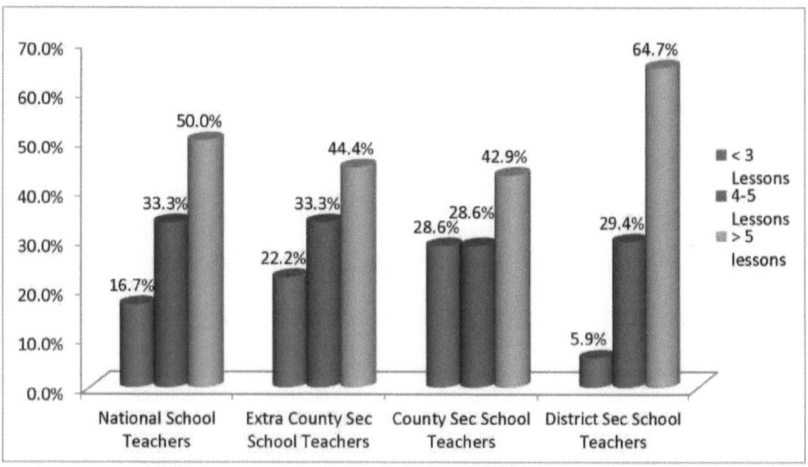

Esta figura indica que 16,7%, 33,3% e 50% dos professores das escolas nacionais tinham menos de 3 aulas, 4-5 aulas e mais de 5 aulas, respetivamente. 22,2%, 33,3% e 44,4% das escolas secundárias extra-concelhias tinham menos de 3 aulas e 4-5 aulas. Os professores das escolas secundárias distritais indicaram que 28,6%, 28,6% e 42,9% tinham menos de 3 aulas, 4-5 aulas e mais de 5 aulas, respetivamente. Nas escolas secundárias distritais, 5,9% dos professores tinham menos de 3 aulas, enquanto 29,4% e 64,7% tinham 4-5 aulas e mais de cinco aulas diárias, respetivamente. Na pergunta aberta sobre como o número de aulas afecta a sua produtividade, todos os professores indicaram que durante os dias em que têm aulas seguidas, o seu nível de motivação e preparação para as aulas da tarde é afetado pelo seu cansaço e resulta em dar tarefas para os alunos realizarem em grupo.

Dimensão da escola e prestação de serviços

Pediu-se aos professores que indicassem o número de cursos na escola. A figura seguinte mostra as suas respostas. O objetivo era determinar a forma como a escola está organizada e ajudar a determinar o efeito que o número de cursos tem na prestação de serviços.

Número de cursos por categoria de escolas.

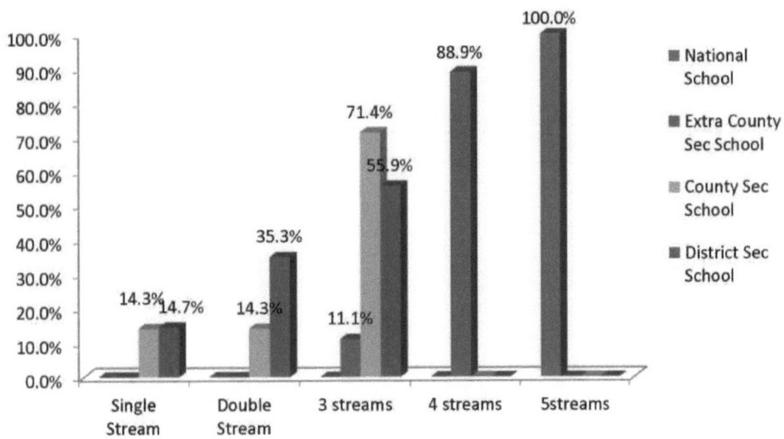

Os resultados desta figura mostram que 58,8% dos professores nas escolas distritais estavam em escolas de corrente única, 35,3% em escolas de corrente dupla e 5,9% em escolas de três correntes. Todas as escolas nacionais tinham cinco ciclos. 14,3% dos professores estavam em escolas distritais de ciclo simples e duplo, enquanto 71,4% estavam em escolas de ciclo triplo. 11,1% e 88,9% dos professores de escolas extra-concelhias estavam em escolas secundárias com 3 e 4 ciclos, respetivamente. Todos os inquiridos indicaram que o número de ciclos de ensino determina a carga de trabalho que os professores enfrentam no seu trabalho. Os inquiridos também indicaram que o número de ciclos determina o número de professores que a comissão de serviço dos professores atribui por escola. Todos os professores que indicaram ter ensinado fora da sua área de especialização indicaram que o fazem sempre que os professores empregados pelos conselhos directivos das escolas secundárias estão sobrecarregados de trabalho e não têm pena dos alunos.

Especialização em tarefas e prestação de serviços

Foi também perguntado aos inquiridos se leccionavam disciplinas fora da sua área de especialização. As respostas são indicadas a seguir.

Ensino fora da área de especialização

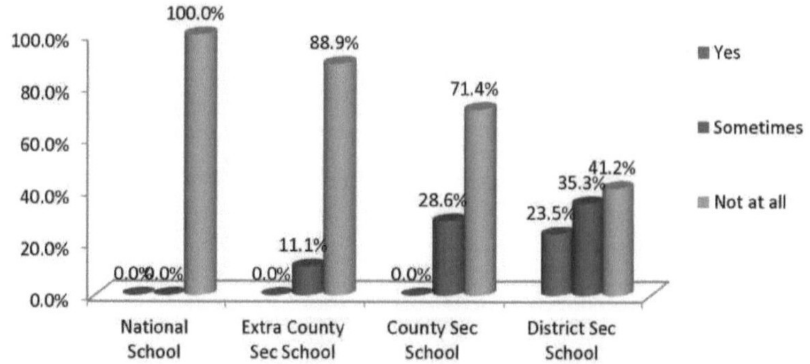

Este valor indica que todos os professores das escolas secundárias nacionais nunca leccionaram fora da sua área de especialização, enquanto 88,9%, 71,4% e 41,2% dos professores das escolas extra-concelhias, concelhias e distritais nunca leccionaram fora da sua área de especialização. 11,1%, 28,6% e 35,3% dos professores das escolas extra-concelhias, concelhias e distritais, respetivamente, leccionaram por vezes disciplinas fora da sua área de especialização. 23,5% dos inquiridos nas escolas secundárias distritais indicaram lecionar disciplinas fora da sua área de especialização.

Todos os inquiridos indicaram ter participado em pelo menos uma formação de desenvolvimento pessoal nos últimos cinco anos. Os inquiridos também indicaram que a formação os ajudou a lidar com a dinâmica de mudança no sector da educação. Foram feitas aos inquiridos uma série de perguntas sobre a organização do trabalho. A pontuação média e o desvio padrão foram calculados de forma a permitir deduções e inferências. A interpretação da média seguiu-se ao resumo.

Média para Organização do Trabalho

	National Sec Teachers		Extra County Sec Teachers		County Sec Teachers		District Sec Teachers		
	Mean	SD	Mean	SD	Mean	SD	Mean	SD	Interpretation
There is Teamwork in my school	1.2	0.5	2.2	1.6	2	1.4	2.3	1.6	Agree
There is work rotation for teachers in my school	2.2	0.5	1.7	1.3	1.3	0.5	2	1.3	Agree
Teachers are involved in school work during odd hours	1.5	0.4	1.7	0.4	1.6	0.5	2.3	1.6	Agree

Esta tabela mostra que os professores das quatro categorias de escolas concordam que existe trabalho de equipa nas suas escolas. Uma análise do desvio-padrão revela que a maioria dos inquiridos nas escolas nacionais respondeu em torno de 1 na escala de likert, enquanto os outros se distribuíram uniformemente. Os inquiridos explicaram que o trabalho de equipa permite a coesão e o respeito entre os membros do pessoal. Indicaram também que o trabalho em equipa os motiva a trabalhar mais e de forma mais inteligente. Os inquiridos também indicaram que o trabalho em equipa evitava o absentismo, uma vez que partilhavam ideias na sala de reuniões. Os inquiridos das escolas nacionais também indicaram que as equipas eram auto-reguladas e formadas a partir da necessidade de se destacarem nos estudos.

Os inquiridos também concordaram que a rotação do trabalho é praticada na escola. O efeito da rotação do trabalho, tal como referido por todos os inquiridos, permite reduzir a monotonia e o tédio entre os membros do pessoal. Era também importante que os inquiridos indicassem como é feita a rotação do trabalho nas escolas. A partir da análise da pergunta aberta, os professores explicaram que fazem a rotação do ensino nas turmas sénior, de três e quatro anos, com as turmas júnior (Turma 2 e Turma 1)

As conclusões acima analisadas sobre as organizações de trabalho concordam com Delarue, Van Hootegem, Procter, & Burridge (2007), segundo os quais as equipas autogeridas estavam associadas a níveis significativamente mais elevados de discrição percebida, segurança no emprego e satisfação dos trabalhadores e eram eficazes na melhoria das medidas objectivas de desempenho. Os resultados do estudo também concordam com Benders et al. (2001), segundo os quais existe um efeito positivo da delegação em grupo na redução das taxas de absentismo dos trabalhadores e na melhoria do desempenho organizacional. Uma análise da investigação baseada em inquéritos realizada na última década concluiu que a grande maioria dos estudos tinha encontrado efeitos positivos nas medidas operacionais do desempenho organizacional (Delarue et al. 2007). O resumo e a conclusão destes resultados são apresentados no capítulo cinco.

CAPÍTULO CINCO

Resumo das conclusões

Com base nos dados analisados no capítulo 4, o resumo das conclusões é indicado a seguir.

Características do emprego e prestação de serviços.

O primeiro objetivo deste estudo era determinar como as características do trabalho afectam a prestação de serviços nas escolas secundárias. A partir dos resultados do estudo, a maioria dos professores estava indecisa quanto à sua realização pessoal no ensino, com uma média de 3,9 para os professores a nível nacional e extra-condado, os professores discordaram de que encontram realização pessoal no ensino, que é a sua tarefa atual. Uma média de 2,3 para os professores do condado indicou concordância com a afirmação e uma média de 3,4 para os professores distritais do ensino secundário estavam indecisos se encontravam realização no seu trabalho atual, uma vez que este se situava na região. O estudo indica que 42,9% e 64,7% dos professores das escolas secundárias municipais e distritais indicaram que recebem apoio dos colegas e da direção da escola. A partir dos resultados, 16,7%, 22,2%, 28,6% e 32,4% dos professores das escolas nacionais, extra-concelhias, municipais e distritais indicaram que, de alguma forma, recebem apoio dos seus colegas e da direção da escola, o que torna o ambiente de trabalho menos stressante. Isto indicou que havia trabalho de equipa em todas as três categorias de escolas, mas o trabalho de equipa era maior nas escolas secundárias nacionais. Relativamente à autonomia dos professores, 38,2%, 42,9%, 44,4% e 50,0% dos professores das escolas distritais, regionais, extra-regionais e nacionais indicaram que os professores têm autonomia de ensino nas suas escolas, respetivamente. Estas constatações sobre o apoio dos colegas e da direção e a autonomia no trabalho estão de acordo com Aust et al (2010), segundo os quais os empregos que dão autonomia aos empregados conduzem a um maior nível de prestação de serviços.

Ambiente de trabalho e prestação de serviços

O estudo procurou determinar a relação entre o ambiente de trabalho e a prestação de serviços nas escolas secundárias. A partir dos resultados, 28,6%, 11,1% e 14,3% dos professores das escolas secundárias do condado concordaram fortemente, concordaram e discordaram fortemente, respetivamente, que o ambiente de trabalho afectava a sua prestação de serviços. Os inquiridos citaram o giz como um dos instrumentos que suja as roupas dos professores e também foi citado como causador de problemas de saúde aos professores e alunos. Os professores indicaram que a iluminação fornecida era suficiente, com uma pontuação média de 2, 1,9, 2 e 1,7 para os professores nacionais, extra-condados, condados e distritais, respetivamente. Através das perguntas abertas, os professores revelaram que o mobiliário utilizado nas salas de professores era inadequado para o uso no escritório. Também foi pedido aos inquiridos que indicassem as suas respostas sobre o estado do mobiliário de escritório utilizado nos gabinetes e nas salas de aula. Este facto tornou o ambiente de trabalho pouco propício para alguns professores. Os resultados concordam com Tatum (1995) quando afirma que existe uma correlação significativa entre os sistemas de iluminação e a eficiência dos trabalhadores. Uma iluminação correcta do local de trabalho contribui para reduzir o absentismo dos trabalhadores, aumentar a qualidade e melhorar a segurança.

Organização do trabalho e prestação de serviços

O estudo procurou determinar como a organização do trabalho afecta a prestação de serviços nas escolas. Do estudo, 16,7%, 33,3% e 50% dos professores das escolas nacionais tinham menos de 3 aulas, 4-5 aulas e mais de 5 aulas, respetivamente. Os resultados indicam que 22,2%, 33,3% e 44,4% dos professores das escolas secundárias extra-concelhias tinham menos de 3 aulas e 4-5 aulas. Os professores das escolas secundárias distritais indicaram que 28,6%, 28,6% e 42,9% tinham menos de 3 aulas, 4-5 aulas e mais de 5 aulas, respetivamente. Nas escolas secundárias distritais, 5,9% dos professores tinham menos de 3 aulas, enquanto 29,4% e 64,7% tinham 4-5 aulas e mais de cinco aulas diárias, respetivamente.

Na pergunta aberta sobre como o número de aulas afecta a sua produtividade, todos os professores indicaram que, durante os dias em que têm aulas consecutivas, o seu nível de motivação e preparação para as aulas da tarde é afetado pelo seu cansaço e resulta em dar tarefas para os alunos realizarem em grupos. Todas as escolas nacionais tinham cinco ciclos, mas isso não se traduziu em trabalho adicional por parte dos professores, uma vez que esta categoria de escolas tinha professores suficientes para os cinco ciclos. 14,3% dos professores estavam em escolas municipais com um ou dois ciclos, enquanto 71,4% estavam em escolas com três ciclos. Os resultados indicaram que 11,1% e 88,9% dos professores em escolas extra-condado estavam em escolas secundárias de 3 e 4 ciclos, respetivamente. Benders et al. (2001) afirmam que existe um efeito positivo da delegação em grupo na redução das taxas de absentismo dos trabalhadores e na melhoria do desempenho organizacional. Uma análise da investigação baseada em inquéritos realizada na última década concluiu que a grande maioria dos estudos tinha encontrado efeitos positivos nas medidas operacionais do desempenho organizacional (Delarue et al, 2007)

Conclusões

Foram tiradas as seguintes conclusões;

i. Os professores não encontram realização pessoal nas suas tarefas actuais.

ii. Os professores têm autonomia no seu local de trabalho, o que facilita a planificação do seu trabalho. Nas escolas secundárias nacionais e extra-concelhias, o nível de trabalho em equipa dos professores é mais elevado do que nas escolas distritais e concelhias.

iii. A iluminação da sala do pessoal não é adequada, nem a ventilação. Por conseguinte, os professores não podem trabalhar eficazmente nestes gabinetes e existe o risco de propagação de doenças na sala de professores e noutros gabinetes da escola. As cadeiras utilizadas pelos professores também foram citadas como não sendo adequadas à ergonomia e à boa postura dos professores.

iv. A aplicação e utilização de giz no ensino foi citada como causadora de problemas de saúde e de desconforto para os professores.

v. As escolas dos distritos de Mathira Este e Mathira Oeste estão bem organizadas. A rotação do trabalho é evidente, o que quebra a monotonia e aumenta a eficácia dos professores, uma vez que lhes são atribuídas classes e níveis diferentes para ensinarem anualmente.

Nota: Com base no exposto, é necessário que as autoridades escolares das escolas municipais e distritais assegurem que os professores trabalhem em equipa. Devem ser implementadas actividades que ajudem os professores a trabalhar e a atuar em equipa, como a participação em eventos de formação de equipas. Além disso, as partes interessadas na educação e as direcções das escolas devem assegurar a melhoria do ambiente de ensino. Além disso, áreas como a ventilação nos gabinetes dos professores precisam de ser melhoradas. As cadeiras têm de ser avaliadas e mudadas. Isto asseguraria que os professores trabalhassem eficazmente a partir dos seus gabinetes e que a doença não se propagasse. As escolas precisam de investir em quadros brancos em vez dos actuais quadros pretos que utilizam giz para escrever. Os quadros brancos não produzem pó e são mais limpos e agradáveis, para além de serem mais apresentáveis.

REFERÊNCIAS

Agnew, J. (1993), "Age and fatal work related falls", *Human Factors: Journal of the Human Factors and Ergonomics Society,* Vol. 35 pp.731-6.

Amar, A.D. (2001), "Leading for innovation through symbiosis", *European Journal of Innovation Management,* Vol. 4 No.3, pp.126-32.

Antonioni, D., Park, H., 2001. The relationship between rater affect and three sources of 360-degree feedback ratings.*Journal of Management27,* 479-495.

Aust, B., Rugulies, R., Finken, A., & Jensen, C. (2010). Quando as intervenções no local de trabalho conduzem a efeitos negativos: Learning from failures. Scandinavian Journal of Public Health, 38 (3), 106-119

Axtell, C., Holman, D., Unsworth, K., Wall, T., Waterson, P., Harrington, E. (2000), "Shopfloor innovation: facilitating the suggestion and implementation of ideas", *Journal of Occupational and Organizational Psychology,* Vol. 73 pp.265-85.

Baer, M., Frese, M. (2003), "Innovation is not enough: climates for initiative and psychological safety, process innovations, and firm performance", *Journal of Organizational Behaviour,* Vol. 24 pp.45-68.

Brodeur, P. (1990), "The magic field menace", *Macworld,* No.July, pp.136-45.

Brody, J. (1992), "Epidemic at the computer: hand and arm injuries", *New York Times, n.º* 10 de março, pp.10.

Chadbourne, R. (1995), "Ergonomics and the electronic workplace", *Wilson Library Bulletin*, Vol. 69 No.5, pp.24-6.

Cohen, S. G. e Ledford, G. E. (1994) "The effectiveness of self-management teams - aquasi-experiment", *Human Relations,* 47, 1: 13-43

Delarue, A., Van Hootegem, G., Procter, S., e Burridge, M. (2007) 'Teamworking andorganizational performance: A review of survey-based research", *InternationalJournal of Management Reviews,* 10, 2: 127-148

Dunlop, P.D., Lee, K., 2004. Workplace deviance, organizational citizenship behavior, and business unit performance: the bad apples

Ekvall, G., Ryhammar, L. (1999), "The creative climate: its determinants and effects at a Swedish university", *Creativity Research Journal,* Vol. 12 No.4, pp.303-10.

Ferris, G.R., Witt, L.A., Hochwarter, W.A., 2001. "Interação da competência social e da capacidade mental geral no desempenho profissional e no salário". *Jornal de Psicologia Aplicada* 86 (6), 1075-1082

Groeneveld, S., Hartog, J., 2004.Overeducation, wages and promotions within the firm.Labour Economics 11, 701-714

Grozdanovic, M., Jankovic, Z. (2002), "Interaction between human factors and the automatization", *Working and Living Environmental Protection,* Vol. 2 No.2, pp.101-13.

Hammond, J. (1978), *Understanding Human Engineering,* David and Charles, Newton Abbott, pp.9.

Halbesleben, J.R.B, Osburn, H.K., & Mumford, M.D. (2006) Action research as a burnout intervention: Reducing burnout in the federal fire service. *The Journal of* Applied Behavioral Science, 42 (2), 244-266.

Heerwagen, J.H, Kampschroer, K, Powell, K.M, e Loftness, V. (2004) Collaborative knowledge workenvironments, Building Research and Information, 32(6), 510-528.

Honey, P., Mumford, A. (1992), *The Manual of Learning Styles,* Peter Honey, Maidenhead.

Imagens de trabalhadores acidentados, (2003-2017) Disponível em linha: https://www.shutterstock.com/search/injured+worker

Sistema integrado de iluminação das salas de aula (2003-2017) Disponível em linha: https://www. shutterstock.com/search/ventilation

Lazonick, Dul, J., Weerdmeester, B. (1993), *Ergonomics For Beginners: A Quick Reference Guide,* Taylor & Francis, Londres,.

Lee, D.M., Alvares, K.M., 1977. "Efeitos do sexo nas descrições e avaliações do comportamento de supervisão num ambiente industrial simulado". *Journal of Applied Psychology* 62, 405-410.

Marks, G, Gonzalez, V.M, Harris, J. (2005) No task left behind? Examining the nature of fragmented work, CHI Conference Proceedings, CHI, Portland, OR pp. 321-330.

Miron, E., Erez, M., Naveh, E., 2004. As características pessoais e os valores culturais que promovem a inovação, a qualidade e a eficiência completam-se ou complementam-se? Journal of Organizational Behavior 25, 175-199.

Moser, K., Schuler, H., Funke, U., 1999. "The moderating effect of raters' opportunities to observe ratees' job performance on the validity of an assessment centre".*International Journal of Selection and Assessment* 7 (3), 133-141.

O'Neill, M. (2010). Estudo de caso de investigação: Design Features that Reduce Costs and "Brain Drain" in MobileOrganizations. Livro Branco, Knoll, Inc., Nova Iorque, NY.

O'Neill, M. e Wymer, T. (2009). Design for Integrated Work. Livro Branco, Knoll, Inc., Nova Iorque, NY.

Imagens que indicam a ventilação na sala de aula (2003-2017) Disponível em linha: https://www.google.com/search? site=& source=hp& q=picture s+indi cating+ventilati on+in+classroom&oq=picture&gs_l=psyab.1.0.35i39k1l2j0i20k1l2.21168.25273.0.2994 8.8.7.0.0.0.0.502.2838.45j1.6.0....0...1.1.64.psyab..2.6.2826.0..0j0i131k1.GbEfLx6yA38

Schmidt, F.L., Hunter, J., Outerbridge, A.N., 1986. "Impact of job performance and ability on job knowledge, work sample performance, and supervisory ratings of job performance". *Journal of Applied Psychology 71* (3), 432439.

Shutterstock (2003-2017)Disponível on-line: https://www.shutterstock.com/image- photo/teacher-asking-her-students- question-elementary-309239105?src=QzxVr_WYMFhvPv3vak_K3A-1-1

Taylor, K. (2007) Actas da Sexta Conferência Científica Internacional sobre a Prevenção de Perturbações Músculo-Esqueléticas Relacionadas com o Trabalho (PREMUS), Boston.

Tierney, P., Farmer, S., Graen, G. (1999), "An examination of leadership and employee creativity: the relevance of traits and relationships", *Personnel Psychology,* Vol. 52 pp.591-620.

Uebersax, John S. (2006). "Escalas de Likert: Dissipando a confusão". Métodos estatísticos para acordo de avaliadores. 31 de agosto de 2013. 22 de setembro de 2013 <http://ourworld.compuserve.com/homepages/jsuebersax/likert.htm>.

Voon, D., Miller, P.W., 2005. Undereducation and overeducation in the Australian labour market (Subeducação e sobreeducação no mercado de trabalho australiano). Registo Económico 81 (255), s22-s33.

West, M., Wallace, M. (1991), "Innovation in health care teams", *European Journal of Social Psychology,* Vol. 21 pp.303-15.

Witt, L.A., Kacmar, K.M., Carlson, D.S., Zivnuska, S., 2002. Efeitos interactivos da personalidade e da política organizacional no desempenho contextual. *Journal of Organizational Behavior* 23, 911-926.

Worldatwork (2009) Telework trendlines, Acedido em 20 de fevereiro[th] 2013 Dehttp://www.workingfromanywhere.org /news/ Trendlines_2009.pdf

Yun, G.J., Donahue, L.M., Dudley, N.M., McFarland, L.A., 2005. "Rater personality, rating format, and social context: implications for performance appraisal ratings". *International Journal of Selection and Assessment* 13 (2), 97107.

MIX
Papier aus verantwortungsvollen Quellen
Paper from responsible sources
FSC® C105338

Printed by Books on Demand GmbH, Norderstedt / Germany